AF278551

Cesse enfin muse de l'Histoire,
De noircir tes tableaux de lugubres couleurs
Quand de l'humanité, si chère a ta mémoire,
La Liberté répare les malheurs.

LA JOURNÉE

D'UN

BON RÉPUBLICAIN

OU

PRIÈRES RÉPUBLICAINES

ET

NAPOLÉONIENNES

CONTENANT

le Pater. — l'Ave. — le Credo. — le
Confiteor. — les Commandements de la
Patrie et de la République.
les Actes de Foi, d'Espérance, de
Charité et de Fraternité. — Hommage
au Président de la République.
Règle du jeu de billard de l'Assemblée
nationale. — Bulletin agricole
de 1848. — Baromètre républicain.

PARIS,

CHEZ VENTE, ÉDITEUR,

Place Maubert, 8, près le quai Montébello.
1849.

LA JOURNÉE

D'UN

BON RÉPUBLICAIN.

PATER NOSTER.

Notre père qui êtes à l'Elysée-National que votre nom soit glorifié, que vos bontés nous arrivent, que votre volonté soit faite si vous comprenez nos douleurs ; être libre aujourd'hui c'est notre pain quotidien ; le peuple ne sait plus pardonner les offenses, comme il a pardonné tant de fois aux félons ; tendez la main au pauvre prolétaire, vous êtes tout-puissant, soyez son protecteur, ne le laissez pas succomber d'inanition, mais délivrez-le du mal.

Ainsi-soit-il.

AVE.

Je vous salue, ô Liberté chérie, seule déité des Français, le vrai bonheur est avec vous; vous êtes bénie des peuples opprimés, et l'union est votre fruit.

Sainte Liberté, fille des cieux, protégez vos enfants naguère esclaves et nous vous défendrons avec ardeur, maintenant et à l'heure de notre mort.

Ainsi-soit-il.

CREDO.

Je crois en Louis-Napoléon Bonaparte, l'élu d'un peuple tout-puissant, créateur de la République; à son grand nom, fils unique de la gloire, à lui qui fut formé à l'école du malheur, a souffert sous Louis-Philippe est resté 33 ans mort pour sa patrie, est descendu le 26 septembre 1848, au sein de l'Assemblée nationale, est ressuscité par le suffrage universel, est monté au siége de la présidence le 20 décembre, y est assis par les 5, 434, 226 voix du peuple français, d'où il jugera les anarchistes et les traîtres.

Je crois à l'Egalité, à la noble République, à la communion des peuples, à la rémission des utopies, à la résurrection du bonheur commun et à la vie fraternelle.   Ainsi-soit-il.

CONFITEOR.

Je me confesse à la Liberté protectrice des peuples asservis, à l'Egalité des droits devant la loi, à la Fraternité de tous les nobles cœurs, et à toutes les vertus qui constituent l'homme d'honneur et le loyal citoyen ; parce que je suis contrit d'être demeuré si longtemps esclave en pensées, en paroles et en actions, par ma faute, par ma faute, par ma très-grande faute ; c'est pourquoi je supplie la Liberté, l'Egalité, la Fraternité, cette trinité démocratique, de veiller sur notre pays, pour faire descendre enfin parmi nous le règne de Dieu.   Ainsi-soit-il.

COMMANDEMENTS DE LA PATRIE.

1   Républicain, tu braveras
En tous lieux le joug des tyrans.
2   Aux droits de l'homme tu feras
Se rallier petits et grands.
3   Aux lois seules obéiras
Pour vivre libre constamment.
4   Avec ardeur tu défendras
Ta Liberté dès-à-présent.
5   Ton estime tu garderas
Pour les vertus et non l'argent.
6   Sans pitié tu condamneras
Tous les traîtres et les méchants.

7   Les ventrus tu mépriseras
Ils te trahiraient sûrement.
8   Représentants tu nommeras
Tous les gens d'honneur seulement.
9   Jamais ton bien ne donneras
Pour faire vivre un fainéant.
10   Ainsi faisant tu détruiras
Tous les abus entièrement.

COMMANDEMENTS DE LA RÉPUBLIQUE.

1   Ton pays toujours serviras
Avec courage et dévouement.
2   Journal démocrate liras
Chaque matin exactement.
3   Electeur quand tu voteras
Mets-y tout ton discernement.
4   Tes intérêts discuteras
Ceux des autres pareillement.
5   Jamais tu ne conspireras
Songe que la loi le défend.
6   Ton service d'ordre, feras
Toujours toi-même strictement.

ACTE DE FOI.

J'ai croyance, Mon Dieu, que la Liberté est le premier droit de l'homme; le droit de n'obéir qu'aux lois, et de ne craindre qu'elles. Car malheur à l'esclave qui craindrait de prononcer son nom ! Malheur au pays où le prononcer serait un crime ! On peut combattre ce sentiment, je le sais, mais non pas le détruire; il subsiste partout ou il y a des âmes fortes ; il se conserve dans les chaînes; il vit dans les prisons, renaît sous la hache des licteurs. Je crois que l'homme est né libre, mais avec besoin d'être gouverné; aussi s'est-il soumis à des lois, jamais aux caprices d'un maître. Mon Dieu ! avec votre secours, nul homme n'a le droit de commander arbitrairement à un autre. Qui voudrait usurper ce droit, détruirait son pouvoir lui-même.   Ainsi-soit-il.

ACTE D'ESPÉRANCE.

J'ai l'espoir de voir bientôt ma patrie renaître florissante, parce que, le malheur d'un Etat n'est pas qu'il soit pauvre, ni qu'il y ait peu de citoyens, mais que la justice ne soit pas exactement rendue à tous, et que la paix et la concorde n'y règnent pas. Qu'on supprime les dépenses inutiles, le luxe immodéré ; qu'on rende à chacun ce que prescrit la justice, aux termes de notre Constitution, et j'espère alors qu'il n'y aura plus de misères. Puisse la bénédiction de l'Etre suprême nous accorder ce bonheur.   Ainsi-soit-il.

ACTE DE CHARITÉ

Dieu nous a dit : hommes, soyez humains, c'est votre devoir ; soyez-le

pour tous les états, pour tous les âges,
pour tout ce qui n'est point étranger à
votre nature; quelle sagesse y aurait-il
pour vous hors de l'humanité. ? Sachez
que l'occasion de faire des heureux est
plus rare qu'on ne pense; la punition de
l'avoir manquée est de ne la plus retrou-
ver.   Ainsi-soit-il.

ACTE DE FRATERNITÉ.

Citoyens, mes frères, n'oublions jamais que l'auteur de la nature, en nous
formant des mêmes principes et pour la
même fin, nous a rendus égaux. C'est
lui qui nous a inspiré une bienveillance
mutuelle, et qui est la cause de notre
sociabilité; c'est lui qui a établi la justice et l'équité; c'est en vertu de ces lois
qu'il est plus malheureux de faire du
mal que d'en recevoir; c'est lui qui nous
a donné deux bras pour aider nos sem-

blables. Ayons toujours dans le cœur cette pensée : *Je suis homme et rien de ce qui intéresse l'humanité ne m'est étranger*. Nous avons une naissance commune, notre société ressemble aux pierres des voûtes qui se soutiennent mutuellement : puissions-nous ne jamais oublier ces grandes vérités.

Ainsi-soit-il.

HOMMAGE
AU PRÉSIDENT DE LA RÉPUBLIQUE
SOUVENIR DU PEUPLE.

B RUTUS du joug des rois sauva la République
O CTAVE fit fermer le temple de Janus,
N UMA sur les autels fonda sa politique,
A NNIBAL se fraya des chemins inconnus,
P ÉRICLÈS triompha des Marat de l'Attique,
A LEXANDRE aux combats signala sa valeur,
R OMULUS des Romains prépara la grandeur,
T ITUS chez les mortels sut mériter dés temples.
E T NAPOLEON *seul* résuma ces exemples.

HONNEUR A SON NEVEU.

L a noblesse, l'esprit
O nt en vain de tes traits,
U n cœur comme le tien,
I nstruit par la douleur,
S e dévouant au peuple,

L a bonté, les grandeurs
O rdonné l'assemblage
U n cœur plein de courage
I mmole ses honneurs
S a gloire est son suffrage.

B ien des chagrins déjà,
O nt passé sur ton front
N apoléon-le-grand
A ussi passa souvent
P ersévère Louis
A toi nous adressons
R eçois mes quelques vers
T u les accueilleras
E spère en ton grand nom

B ien des larmes amères,
O ù brille un noble cœur;
N ous l'ont appris nos pères
A u creuset du malheur.
P rotège la patrie
A ujourd'hui tous nos vœux
R imer est ma manie
T on cœur est généreux.
E t la France s'écrie:

F ameuse par ma gloire et de nobles revers,
R ien n'a pu m'ébranler dans mes périls divers:
A ttentive à mon sort je veux, par ma constance
N ourrir avec LOUIS la flatteuse espérance :
C ontenir de mes droits la légitime ardeur :
E t croire qu'on peut tout quand il reste l'hon-
(neur.)

PAR UN VIEUX DEA VIEILLE.

RÈGLE DU JEU DE BILLARD
DE L'ASSEMBLÉE NATIONALE.

1 Considérant, nous remet la queue.
2 Proudhon, marque les coups.
3 Félix Pyat, touche du gros bout.
4 Ledru-Rollin, manque de touche.
5 Lagrange, reçoit le coup de bas.
6 Pierre Leroux fait au triplé.
7 Barbès, est collé sous bande.
8 Raspail, se perd.
9 Cavaignac, manque le point.
10 Jules-Favre, se blouse.
11 Le suffrage universel, carambole.
12 Louis-Napoléon, gagne la partie.
13 Armand Marrast, compte les points.
14 Lamartine, fait le compte.
15 Le lecteur, paie sa part des frais.

Nombre des joueurs 900, mise de chacun 25 francs par jour : total 5,752,500 fr. par an sans compter les garçons et les frais de la salle.

BULLETIN AGRICOLE DE 1848.

La moisson a été des plus satisfaisantes
cette année.
La Réforme avait labouré.
Guizot a hersé.
Février a semé.
Les enfants de Paris ont battu.
Louis-Philippe a vanné.
Et Louis-Napoléon a profité d'une belle ré-
colte.

BAROMÈTRE RÉPUBLICAIN

Le trésor de bien des gens.	Très-sec.
La République.	Beau-fixe.
Certaines consciences.	Grêle.
Commerce et Industrie	Variable.
Prestation de serment.	Grande-pluie.
L'Assemblée nationale.	Tempête.
L'élan révolutionnaire.	Tempéré.